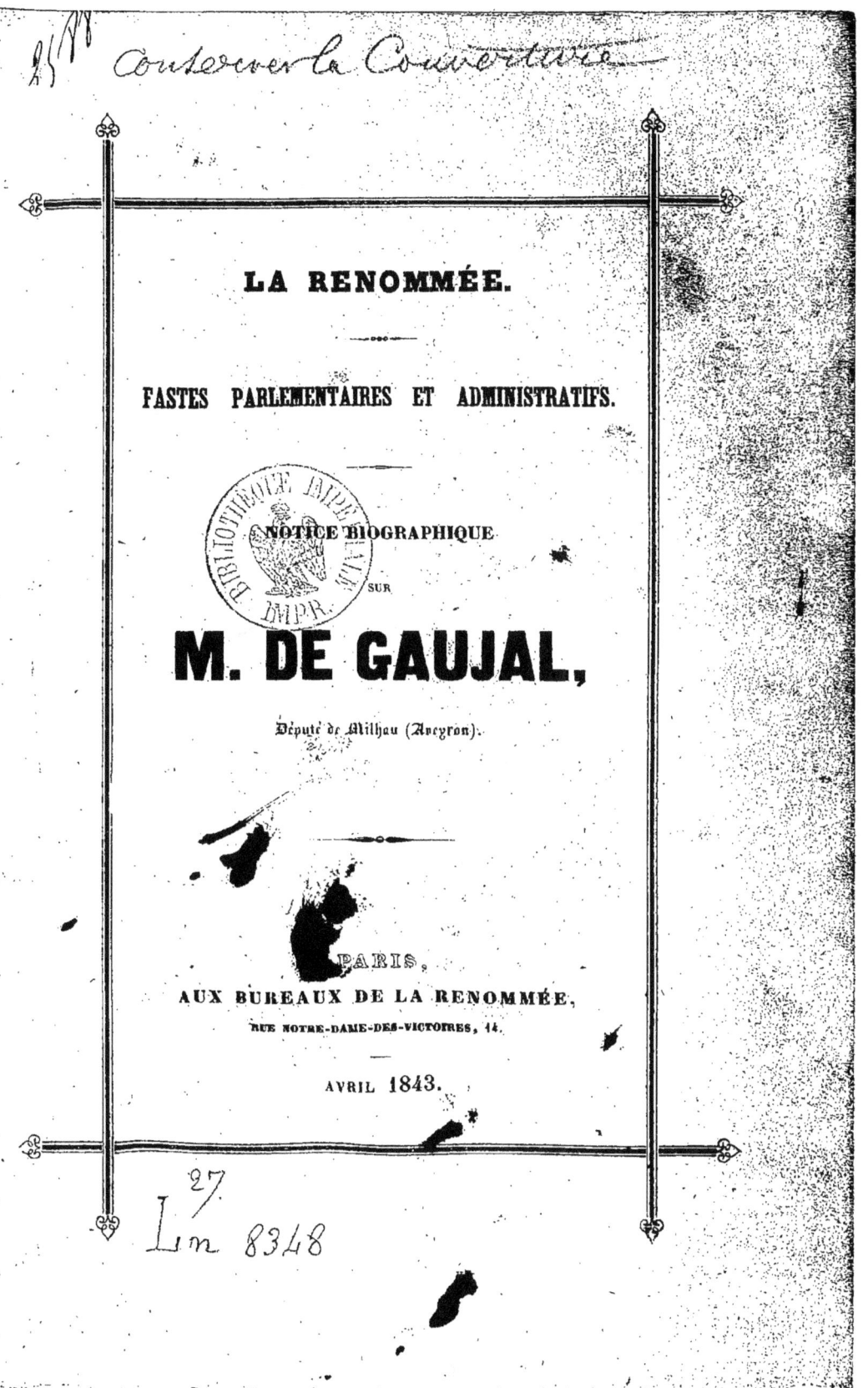

LA RENOMMÉE.

FASTES PARLEMENTAIRES ET ADMINISTRATIFS.

NOTICE BIOGRAPHIQUE SUR

M. DE GAUJAL,

Député de Milhau (Aveyron).

PARIS,
AUX BUREAUX DE LA RENOMMÉE,
RUE NOTRE-DAME-DES-VICTOIRES, 14.

AVRIL 1843.

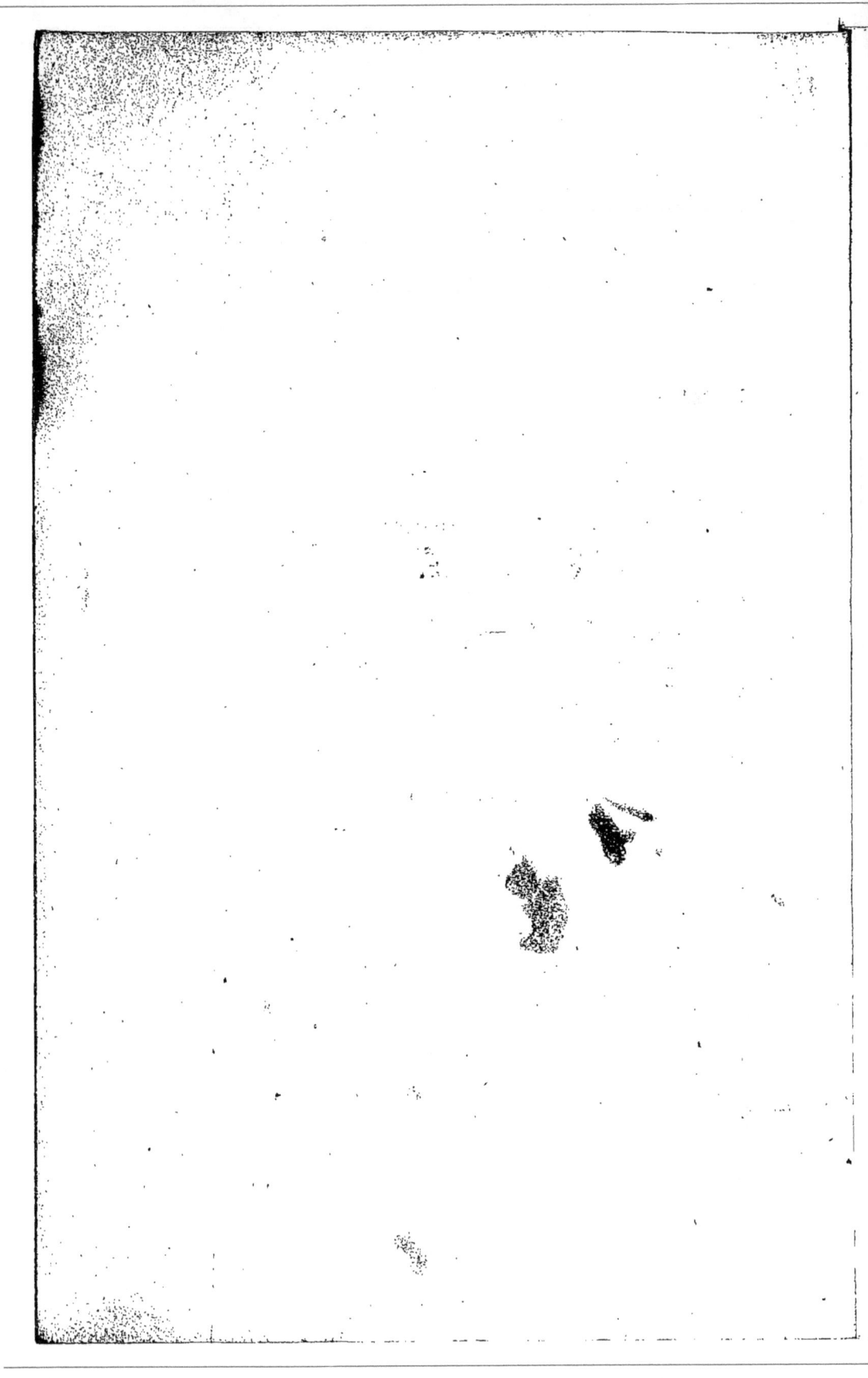

FASTES PARLEMENTAIRES

ET ADMINISTRATIFS.

MASTER PRELIMINARIES

M. DE GAUJAL.

Philippe-Louis-St-Maur de Gaujal est né à Milhau, département de l'Aveyron, en 1802. Lorsque l'élite de la jeunesse française, enflammée d'un noble enthousiasme, allait se ranger en foule sous les drapeaux, M. de Gaujal, alors âgé de 19 ans, s'associa à cet élan généreux et spontané. Il entra dans le 3ᵉ régiment des hussards, fit avec distinction quelques-unes des campagnes de l'Empire, conquit par son mérite le grade d'officier, et resta au service jusqu'en 1813, époque où l'Empereur se vit tout-à-coup déchu de sa puissance et dépouillé de ce prestige que lui avaient donné vingt années de victoires.

La chute de l'Empire, en fermant la carrière des combats, imprima une direction nouvelle à l'activité des esprits ; privés des émotions que donne la guerre et des perspectives séduisantes qu'elle offre à l'imagination, tous les hommes de cœur, d'intelligence et d'avenir se tournèrent vers les pacifiques travaux de l'intelligence. Rentré dans ses foyers, M. de Gaujal ne tarda pas à trouver un digne emploi de ses facultés. Le vœu de ses concitoyens et le choix du gouvernement l'appelèrent à faire partie de l'administration municipale. En 1814, M. de Gaujal fut nommé premier adjoint au maire de la ville de Milhau, et il apporta dans ces délicates fonctions une intelligence, une modération, et en même temps une fermeté de caractère qui lui valurent de chaudes sympathies et lui conquirent de nombreux suffrages.

M. de Gaujal continua d'exercer ces honorables fonctions jusqu'en 1830, époque où un nouveau pouvoir, une nouvelle dynastie fondée par le vœu populaire vint remplacer la royauté du droit divin.

Un des premiers soins du gouvernement nouveau fut d'organiser l'administration sur des bases plus rationnelles. D'importantes modifications furent introduites dans le personnel administratif. On comprit surtout que, pour donner du prestige et de la valeur à la charge de premier magistrat municipal, il fallait choisir des hommes également recommandables par leur capacité et par leur dévoûment au pouvoir établi. M. de Gaujal était un de ces hommes. Aussi fut-il nommé maire de la ville de Milhau, et plus tard membre du conseil général de l'Aveyron; et vraiment il eût été difficile de faire un meilleur choix. M. de Gaujal avait déjà les plus honorables antécédens; et le zèle et l'intelligence dont il avait fait preuve dans l'exercice des fonctions qu'il avait précédemment remplies offraient des garanties solides et devaient inspirer à ses concitoyens une entière confiance.

Comme maire et comme organe des intérêts de son arrondissement, M. de Gaujal a été constamment à la hauteur de sa mission. Sans s'inquiéter des critiques que soulève autour de lui tout administrateur sage et éclairé, sans être effrayé des obstacles qui ont semé sa carrière, il a poursuivi son œuvre avec courage et persévérance. Veiller aux intérêts de ses administrés, étudier leurs besoins, accueillir leurs justes réclamations, provoquer toutes les améliorations utiles dont l'expérience a constaté la nécessité, telle a été son idée fixe, sa constante préoccupation. M. de Gaujal a parfaitement compris sa position d'intermédiaire entre le gouvernement et la cité, et il a bien mérité de l'un et de l'autre. Aussi son titre de premier magistrat municipal a-t-il été confirmé par plusieurs élections successives. A cet égard, il y a eu harmonie parfaite entre les suffrages des électeurs et le choix du gouvernement. M. de Gaujal ne pouvait recevoir un témoignage de satisfaction plus flatteur et plus honorable. A ces marques de sympathie, le roi en a ajouté une autre non moins précieuse, en récompensant les services de M. de Gaujal par la croix d'honneur.

En 1841, le courage et la fermeté de caractère de M. de Gaujal furent mis à une rude épreuve, à propos d'une mesure qui souleva quelque irritation dans une partie de la France, et notamment dans nos contrées méridionales. On comprend que nous voulons parler du recensement.

Pour quiconque a étudié avec attention notre système financier et administratif, il demeure évident que le recensement est une mesure non-seulement légale et régulière, mais bonne, utile, et qui n'a d'autre but qu'une plus équitable répartition de l'impôt. Mais il est dans la nature de l'esprit de parti de se révolter contre la raison et la logique. Remuant et hardi, il sait profiter de tous les prétextes et dénaturer les meilleures intentions. C'est ce qui arriva en 1841. En dépit de l'adhésion formelle de presque tous les conseils généraux du royaume, la population de quelques villes du midi, égarée par des brouillons et des factieux, s'opposa violemment à l'exécution de la mesure prescrite par M. Humann. A Toulouse et dans d'autres calités, la question du recensement devint un drapeau d'émeute. Nos lecteurs se rappellent sans doute les scènes fâcheuses, les collisions déplorables qui éclatèrent à cette occasion.

Placé au centre de nos contrées méridionales, le département de l'Aveyron subit l'influence des passions politiques qui égaraient alors les imaginations. La ville de Milhau fut particulièrement le théâtre de graves désordres. — Le cours de la loi fut violemment entravé, suspendu. L'autorité municipale fut méconnue, outragée, en butte à de brutales atteintes; et M. Gaujal, en particulier, fut obligé d'appeler à son aide toutes les ressources de son courage et de son énergie. Il ne dut qu'à sa fermeté et à son admirable présence d'esprit d'échapper aux mains des factieux, et c'est surtout grâce à son activité et à la sagesse de ses mesures que le calme se rétablit et que force resta à la loi.

A la suite des événemens que nous venons de raconter, M. de Gaujal reçut un témoignage bien flatteur de la part du gouvernement. Le ministre de l'intérieur, M. Duchatel, à qui le préfet de l'Aveyron avait adressé un rapport détaillé des scènes facheuses dont Milhau avait été le théâtre, exprima vivement, dans une lettre particulière, ses sentimens d'estime et de reconnaissance au fonctionnaire dévoué et courageux qui avait si puissamment contribué au rétablissement de l'ordre et de la tranquillité publique. Cette marque éclatante de sympathie, cette haute appréciation de ses services étaient bien de nature à dédommager M. de Gaujal des inquiétudes et des agitations de sa carrière administrative.

A la même époque, il reçut de ses concitoyens une récompense non moins précieuse. — Le 11 octobre 1841, les électeurs de l'arrondissement de Milhau l'honorèrent du mandat de député. Son élection eut lieu à une majorité immense. Sur 300 votans, M. de Gaujal obtint 203 suffrages. Parmi les hommes même les plus distingués qui figurent à la Chambre, il en est peu qui puissent se flatter d'avoir obtenu un succès aussi remarquable, aussi brillant.

Ces nombreux suffrages furent déterminés non-seulement par les antécédens de l'honorable candidat, mais encore par la franchise et la netteté de la profession de foi qu'il publia dans cette circonstance. Ce document simple, concis, sans emphase, sans phrases sonores, révèle un esprit juste, un cœur loyal. Dans cet écrit, M. de Gaujal eut le bon esprit de s'abstenir de ces belles protestations dont les aspirans à la députation sont si prodigues, mais qui, dans la pratique, reçoivent souvent de rudes démentis? Et puis quel besoin avait-il de faire des promesses? Ses antécédens présentaient-ils rien d'équivoque. Ses titres à la considération publique n'étaient-ils pas bien constatés? En un mot, le passé ne répondait-il pas de l'avenir? La circulaire de M. de Gaujal était empreinte d'une simplicité de bon goût qui devrait servir de modèle. Il rappelle ses services en peu de mots et sans exagération. Il déclare qu'il n'aspire à la députation que pour avoir plus de moyens d'être utile à son pays. Enfin, il prend l'engagement formel de n'accepter aucune fonction rétribuée; et cet engagement a été religieusement tenu.

Le jour de l'élection de M. de Gaujal fut vraiment un jour de fête pour la ville de Milhau.—A peine la nouvelle de sa nomination se fut-elle répandue, qu'on vit éclater une allégresse générale. On se félicitait partout d'avoir pour député un homme qui, par l'expérience qu'il avait acquise dans sa longue carrière administrative, connaissait si bien les besoins de la localité, et était parfaitement en mesure de les exposer et d'obtenir qu'ils fussent satisfaits. Un arc-de-triomphe improvisé décora la porte du nouvel élu. Un feu de joie s'éleva. Des salves constatèrent la joie populaire....

A la Chambre, M. de Gaujal a poursuivi la noble tâche qu'il avait remplie dans l'administration. Son adhésion, ses votes ont été constamment acquis à toutes les mesures qui ont eu pour objet de maintenir l'ordre et la paix, et de fonder sur des bases solides l'avenir de la royauté et des institutions actuelles. Convaincu que le calme et la tranquillité publique sont les premières conditions du progrès social, il n'a jamais pactisé avec cette opposition tour à tour perturbatrice, violente et tracassière, qui n'a pour effet que de susciter des obstacles à la marche et à l'action régulière du pouvoir, et de jeter dans le pays des fermens d'agitation et de trouble. En un mot, depuis son entrée à la Chambre, M. de Gaujal a sa place marquée dans les rangs de cette majorité conservatrice qui a travaillé et travaille encore avec tant d'ardeur à affermir et à consolider les institutions fondées en 1830. Au reste, M. de Gaujal est du nombre de ces hommes qui, dans l'appui qu'ils prêtent au pouvoir, sont dégagés de toute préoccupation d'intérêt personnel. Indépendant par position et par caractère, il n'a qu'une seule ambition, être utile à son pays.

M. de Gaujal est le frère de M. le baron de Gaujal, conseiller à la Cour de cassation, et l'un des magistrats les plus honorables et des jurisconsultes les plus distingués de notre époque. C'est ainsi que, par un rare bonheur et un incontestable mérite, deux membres de la même famille ont acquis des titres solides à l'estime publique, l'un dans les fonctions élevées de l'administration, l'autre dans les premiers rangs de la hiérarchie judiciaire.

Nous venons de signaler en peu de mots les services que M. de Gaujal a rendus à son pays, comme militaire, administrateur et député. Nos lecteurs ont pu juger par cet exposé rapide combien, sous ces divers rapports, sa carrière est honorable, féconde et bien remplie.

Cette appréciation de la carrière politique et administrative de M. de Gaujal ne constitue qu'une partie de notre tâche, et cette notice serait incomplète si nous ne signalions la salutaire influence qu'il a exercée sur le mouvement de l'agriculture dans le département de l'Aveyron. M. de Gaujal figure, sans contredit, au premier rang parmi les agronomes modernes. Grâce à ses heureuses expériences, la culture des arbres et l'amélioration des prairies ont fait d'immenses progrès. A cet égard, nous ne saurions mieux faire que d'analyser une lettre importante qu'il adressa, il y a quelques années, à la société centrale d'agriculture de l'Aveyron ; ce document est curieux, intéressant, et renferme des résultats extrêmement remarquables.

La lettre en question constate les faits suivans : M. de Gaujal avait acquis successivement divers terrains destinés à des expériences. Avant les améliorations qu'il leur fit subir, ces terrains étaient hérissés de buissons, de genêts, de quelques vieux châtaigniers, et surtout couverts de beaucoup de rochers.

M. de Gaujal s'était longtemps demandé si des terrains de ce genre, communément réputés de nulle valeur, ne seraient pas susceptibles de devenir productifs ; si, dans les endroits où le sol mouvant et boueux ne produit que des joncs, à cause des eaux stagnantes, il ne serait pas possible de faire pousser une belle herbe, et de convertir les marécages en bonnes prairies. C'est pour obtenir la solution de ce problème que M. de Gaujal avait fait l'acquisition des terrains en question.

L'achat des terrains, les améliorations accomplies, les travaux exécutés, coutèrent à M. de Gaujal la somme de 14,251 fr.

Ces travaux, poursuivis avec une rare intelligence, eurent les plus heureux résultats. Cette propriété, précédemment inculte, a produit la première année 1,000 quintaux de fourrages, et les récoltes suivantes ont été encore plus productives. Enfin, les promesses de l'avenir ont paru si brillantes, que M. de Gaujal a refusé d'affermer ces terrains au prix de 3,000 fr.

Cet heureux essais, ces importans résultats excitèrent de vives sympathies parmi les membres de la Société centrale d'Agriculture. — D'autres travaux du même genre, couronnés du plus brillant succès, ont valu à M. de Gaujal les mentions les plus honorables, et des comptes-rendus détaillés dans le journal le *Propagateur*.

N'oublions pas, en terminant cette Notice, de mentionner un fait qui honore M. de Gaujal, et auquel la presse a donné l'année dernière un certain retentissement. Nos lecteurs se rappellent sans doute les circonstances terribles de la catastrophe qui eut lieu au mois de mai 1842. M. de Gaujal se trouvait là avec sa famille, et son courage, sa présence d'esprit empêchèrent les plus grands malheurs; tous les journaux ont donné sur ce point des détails plein d'intérêt, et une foule d'hommes éminens ont témoigné la plus vive sympathie à l'honorable député de l'Aveyron.

C. VILLAGRE.

Livre de la Société contre l'Hypothèque. — Doubles travaux d'imprimerie, commandés du plus imminent succès, sont ceux de M. de Caujal; les éditions les plus soignées, et des comptes-rendus fidèles dans le Journal de Propagande.

Nous allons par, en terminant cette Notice, de rehausser un fait qui honore M. de Caujal, et auquel la seule [illisible]... donne un [illisible]... à un rappel tant sous des rapports [illisible]... celles de la Commission générale [illisible]... 5 mai 1846, et de Caujal [illisible]... en tuant, et non content de [illisible]... tous les journaux ont donné sur ce point des détails plein d'intérêt, et de tous [illisible]... on une témoigne la plus vive sympathie à l'honorable député de l'Aveyron.

C. VILLACHE

Paris, Imprimerie de [illisible]...

BIOGRAPHIES PUBLIÉES PAR LA RENOMMÉE.

FASTES Politiques et Militaires.	FASTES Parlementaires et Diplomatiques.	FASTES Administratifs et Scientifiques.	FASTES Artistiques et Littéraires.
MM.	MM.	MM.	MM.
Le duc d'Orléans.	Marquis de Dreux-Brézé.	De Rotschild.	Lesueur.
Guizot.	Comte Lanjuinais.	Baron Larrey.	Princesse de Salm.
Comte Duchâtel.	Duc de Serra-Capriola.	Hahnemann.	Panckoucke.
Humann.	Comte de Walewski.	Leroy-d'Étiole.	Kalkbrenner.
Comte de Montalivet.	Drouin de Luys.	Baron de Gérente.	Barroilhet.
Duc de Reggio.	Calemard-Lafayette.	Conte.	Tamburini.
Comte Jacqueminot.	Raguet-Lépine.	Cordier.	Erard.
Comte de Cessac.	De Bussières.	Flourens.	Meyerbeer.
Baron Gourgaud.	Taillandier.	Possoz.	
Vicomte de Saint-Marc.	Ducos.	Locquet.	
Comte Claparède.	Pulchiron.	Meilheurat.	
Comte Thiars.	De Tocqueville.	Vatout.	
Baron Durieu.	Mermilliod.	Eynard.	
Vicomte Bonnemain.	Vicomte Lemercier.	Fould.	
Baron Dupin.	Chégaray.	Lebeuf.	
Baron Aymar.	Gillon.	Legentil.	
Bourdeau.	Vicomte de Richemont.	Cottenet.	
Marquis de la Bourdonnaye.	Comte Vigier.	Marquis de Louvois.	
Duc de Doudeauvile.	Lacordaire.	Piorry.	
Dumont-d'Urville.	A. Dubois.	Jules Guérin.	
Marquis d'Osmond.	Billault.	Baron Ladoucette.	
	Berryer.	L. Vitet.	
	Pozzo di Borgo.	Cochin.	
		Comte A. Demidoff.	

NOTA. On trouve aussi aux bureaux de la RENOMMÉE les Notices de MM. les Députés de l'ancienne et de la nouvelle Chambre.

SOUS PRESSE,

Pour paraître le premier Trimestre de 1843 :

BIOGRAPHIES de S. M. LOUIS-PHILIPPE Ier, Roi des Français ; — de S. M. l'Empereur de toutes les Russies ; — du Roi des Pays-Bas ; — de S. M. la Reine d'Angleterre ; — de S. M. le Roi de Sardaigne ; — de S. M. le Roi de Prusse ; — de S. M. le Roi OTHON ; — de S. A. R. la Duchesse d'ORLÉANS ; — de M. le Maréchal Duc DE DALMATIE, président du Conseil, ministre de la guerre, etc., etc.

La RENOMMÉE publie les Biographies *complètes* de toutes les célébrités contemporaines. Chaque numéro contient, outre ces Biographies, un *Bulletin politique*, une *Nouvelle littéraire* et une *Chronique parisienne*, revue des théâtres, de la littérature, des beaux-arts et des modes, etc.

La RENOMMÉE paraît mensuellement.

PRIX DE L'ABONNEMENT :

	PARIS.	LES DÉPARTEMENS.	L'ÉTRANGER.
Par an........	24 fr.	28 fr.	34 fr.
Six mois......	14	16	18

NOTA. — La Collection de la **Renommée** forme 3 vol. du prix de 36 fr.

Tout ce qui concerne la rédaction et l'abonnement doit être adressé, franc de port, au bureau de la Renommée, rue Notre-Dame-des-Victoires, 14, à M. le Directeur-Rédacteur en chef.

Ceux de MM. les abonnés qui ne seraient pas régulièrement servis sont priés d'en donner avis à M. le Directeur-Rédacteur en chef.

MM. les abonnés sont en même temps priés de se tenir en garde contre toutes lettres ou autres pièces qui leur seraient adressées au nom de la Renommée, sans être revêtues de la signature du Directeur-Rédacteur en chef, ainsi que du timbre de l'Administration.

www.ingramcontent.com/pod-product-compliance
Lightning Source LLC
Chambersburg PA
CBHW060925050426
42453CB00010B/1863